Alas maternas
Antología de poemas y pensamientos
Club de Letras y Arte

Ediciones
MONARCA

Alas maternas
Antología de poemas y pensamientos
Club de Letras y Arte

Alas maternas Antología de poemas y pensamientos
© D. R. 2023, Club de Letras y Arte.
Imagen de portada: Lucy Salazar.

© D. R. 2023, Ediciones Monarca.
219 Crosswind Way
Brownsville, Texas. USA. 78526
edicionesmonarca2020@gmail.com

Imagen de portada: Lucy Salazar.

Primera edición: Ediciones Monarca, 2023.

ISBN: 9798393769512

Ninguna parte de esta publicación, incluido el diseño de cubierta, puede ser reproducida, almacenada o transmitida de manera alguna ni por ningún medio, sin permiso previo de la editorial.

Prólogo

Hoy amores a los cuales no quisiéramos dejar ir nunca, pero nuestro más grande amor, el cual nos dio vida, nuestra madre.

Al leer las letras aquí compartidas pude ver que la mayoría de los autores coincidimos en un tema: la pérdida de una madre, esa despedida que deja dolor, angustia, tristeza, desesperación, impotencia, porque ya no está físicamente, se ha ido, ha tomado sus alas y partió a un nuevo hogar. Y se nos llega el anhelo para volver a verla, aunque sólo sea para abrazarla y darle un último beso:

"*Hoy no estás, y quiero*
platicarte mis sueños,
mis logros
y hasta mis tropiezos".

Pero también tenemos esos hermosos recuerdos y reencuentros de la infancia con nuestras madres y abuelas, las figuras más importantes de nuestra vida que nos enseñaron las tradiciones y costumbres que vienen entrelazadas en estas hermosas y emotivas letras, pues tendremos el deseo de volver a ser niños tan sólo para volver a sentirla cerquita.

"*Acúname otra vez en tu regazo*
y déjame soñar que estás conmigo,
dale a mi alma un fuerte abrazo
y allá, a donde vas, iré contigo".

Platicar con una madre que ya no está físicamente, que ha tomado sus alas y partió a un nuevo hogar, el dolor y la tristeza, pero también tenemos esos hermosos recuerdos y reencuentros de la infancia con nuestras madres y abuelas.

*"A las madres que moran en el cielo,
a las que nos acompañan en vida,
gracias mil por brindarnos su consuelo,
su protección, amor, techo y comida".*

Con una dedicatoria especial a la mujer, al ser más sublime, poseedor del mayor título, el de una madre, abnegada, amorosa, cariñosa, protectora, sin importar qué edad tenemos, siempre nos hará falta:

*"Guerrera incansable de mirada tierna
que entre sus brazos me acunó de niño".*

Cuando perdemos a un ser amado es difícil, pero cuando se pierde a una madre es como si se nos acabara el mundo, porque ella es nuestro mundo. Y cuando ella nos falta porque se fue sin darnos tiempo de acostumbrarnos a su partida, es entonces que preguntamos.,

*"Dime, ¿a dónde van?
Sembramos sus cuerpos para que nazca
su recuerdo y no olvidarlos jamás.
En tu corazón, ahí están".*

Agradezco a todos los escritores que participan en las lecturas de Club de Letras y Arte que se tomaron el tiempo de atender nuestra convocatoria para enviarnos sus letras para *Alas maternas Antología de poemas y pensamientos* a la madre.

Blanca Reyes
Fundadora-Directora
Club de Letras y Arte

María Gloria Carreón Zapata

Paso a la reina

Mujer de corazón noble,
torrente de sensaciones
puras son tus emociones,
majestuosa como el roble.
Cuando el viento a paso doble
te reverencia al pasar,
tu sueño suele besar,
¡señora, eres adorable!,
de conversación afable
trajinas y sin cesar.

Trato fino al conversar,
amorosa tal ninguna,
amiga fiel de la luna,
se opaca al verte pasar.
De luz te suele encauzar,
tu bravura me sorprende
cuando herirte alguien pretende
bien se quiere propasar.
Sabes su verbo encauzar,
de ti el intelecto pende.

Fecundadora de vida,
compañera consagrada,
por el Creador avalada,
a la fe vas adherida.
A la justicia ceñida,
sin ti la savia es un yermo,

vacuo, triste mundo enfermo,
eres sazón de la vida.
A reina has sido ascendida,
de bendición vas ungida.

María Gloria Carreón Zapata

Mamá

Torrente de ternura,
pilastra mi morada,
me mimas con dulzura,
divina madre amada.

Tus ojos y mirada,
tus manos tu sonrisa
son luz en la alborada,
calma el alma tu risa.

Reflejo de mi vida,
la guía de mi camino,
en mi otoño me cuida,
por mí reza al Divino.

A mi madre querida
le dedico mi canto,
Jehová la bendiga,
autora de mi encanto.

María Gloria Carreón Zapata

Liras a mi madre

Sangre de tus entrañas,
procreada con dulce y virtuoso amor,
libé de tus montañas
obleas, mieles sin temor,
tibios brazos que ahuyentaron mi clamor.

Mi madre inmaculada,
con mucho amor te dedico mis liras,
me siento muy honrada,
verme feliz aspiras,
me ves sonreír, dichosa suspiras.

Mi guía y gran maestra,
psicóloga, gloriosa consejera,
tu sabiduría muestra
que el amor se demuestra
que la vida en la Tierra es pasajera.

Al Supremo agradezco,
me siento muy afortunada, madre,
de que a ti me parezco,
orgullo de mi padre,
de tu integridad y amor hago alarde.

Autora de mi aurora,
diseñadora de fantasías,
de mis días tutora,
dueña de poesías,

María Gloria Carreón Zapata

compañera de mil travesías.

Cándido manantial,
es bienaventurado tu hontanar,
tu cariño celestial,
sabes mi dolor sanar
con mimos, mis éxitos coronar.

A mi madre querida
le estoy eternamente agradecida,
por mí arriesgó la vida,
su bondad florecida,
de amor y ternura su alma plañida.

No existe en este mundo
ser humano tan sabio como tú,
mi amor por ti es profundo,
noble en amor y espíritu,
eres lo más valioso de este mundo.

Los ecos de mi canto
esta noche recorrerán distancia
hasta el celeste manto
danzan con elegancia,
a ti llegarán en suave fragancia.

En este diez de mayo
rogando estoy a Dios que te bendiga,
loas a ti subrayo,
que la dicha prosiga,
fiel compañera, mi mejor amiga.

María Gloria Carreón Zapata

A las madres del mundo

Ya se acerca la fecha, está a la puerta,
a nuestras madres conmemoraremos,
dejaré la esperanza semiabierta,
agradecimiento, mimos colmemos.

A las madres que moran en el cielo,
a las que nos acompañan en vida,
gracias mil por brindarnos su consuelo,
su protección, amor, techo y comida.

Ángeles amados, Dios las bendiga
por sus desvelos, preocupaciones,
amando a sus hijos la vida pródiga.

Dios retribuya sus buenas acciones,
siempre estarán en nuestras oraciones,
Jehová, les colme de bendiciones.

Mauricio Eduardo Carrillo De la Garza

Madre sólo hay una

Madre sólo hay una,
se cansa, lucha y sale adelante.
Siempre confía en un mañana mejor,
que le llene de gozo el corazón rebosante
de alegría y amor por sus hijos y familia.

Madre sólo hay una.
Se preocupa por sus retoños,
los educa, recia y fuerte,
para que no se pongan sus moños.
Si algún día desobedecen
la disciplina llegará
en forma de chancla o cinto
que a los hijos corregirá.

La disciplina y el amor
son la base de su familia,
las hijas y los hijos,
su principal fuente de alegría.
Llegados los nietos,
la cereza del pastel,
pasados algunos años
la verán envejecer;
aunque siempre su energía
le darán de corazón,
día y noche, noche y día,
la llenaran siempre de amor.

Mauricio Eduardo Carrillo De la Garza

Cuando Dios dicte la hora
del final de sus respiros,
los recuerdos y manías
no pasarán al olvido,
porque vivió y disfrutó
con sus hijos y sus nietos,
mientras su familia respetó
sus designios y consejos.

Madre solamente hay una.
Vive, disfruta y concédele sus gustos,
recuerda que ha sido el instrumento divino
para que llegaras a este mundo,
atravesando en su vientre
el paraje más profundo,
aquel camino largo
de nueve meses en promedio,
lo que toma en abrirse
la puertecilla de por medio
que enlaza a las cigüeñas
con la vida en pleno vuelo.

Madrecita sólo hay una,
dice el dicho, hay que saber
que, como la mía, ninguna,
doña Silvia ha de ser.

Mauricio Eduardo Carrillo De la Garza

Silvia

Sabia mujer,
incomparable madre,
lucero de los ojos de mi padre,
vehículo divino de mi nacimiento,
indiscutible guerrera,
a mucho orgullo, mi madre.

Mauricio Eduardo Carrillo De la Garza

Progenitora de insultos

En protagonistas de mil insultos
se convierten las mamás.
Las ofensas más mezquinas
que su hermoso nombre da
se utilizan indiscriminadamente
sin pensar en los demás.
Mas ¿por qué se les insulta
sí ni presentes están?
¿Por qué hace tanto daño?
¿Por qué ofendan a mamá?

Al padre ni lo mencionan,
da igual, qué más les da,
pero con la madre se ensañan,
¿tanto daño les hará?
¿Será que es más potente
insultar a la mamá?
No hay ofensa más terrible
que atacar a quien vida da.

La verdad es muy cierta,
nos ofende de verdad,
que se denigre y ofenda
a quien se debería ensalzar.

¡Hijo de tu madre!
La frase es una realidad,
a mucha honra lo digo,

Mauricio Eduardo Carrillo De la Garza

tengo viva a mi mamá.
Si tú ya la perdiste,
haz conciencia por amor,
no utilices ese nombre
en vano nunca, por favor.

Mauricio Eduardo Carrillo De la Garza

Abstraccionismos de vida

En el marco del Día de las Madres

Existen madres casadas, divorciadas, solteras, biológicas, de crianza, por adopción, por decisión, por ocurrencia, por deseo, por necesidad, por imagen, por presión social, por destino, por error, por accidente, por convicción, por interés y por amor.

También hay buenas madres, malas madres, desnaturalizadas, que hacen todo por sus hijos, los cuidan, protegen, los maltratan, los defienden, los consienten, los humillan, los controlan, los manipulan, los animan, los impulsan, los aconsejan, los sueltan a la vida, los dan en adopción, los abandonan, los ayudan a crecer, los crían con amor.

Las madres, a su vez, y sea cual sea la razón de las antes mencionadas (u otras tantas que pueden existir), tienen hijas e hijos, algunos son agradecidos, otros déspotas, buenas personas, asesinos seriales, grandes revolucionarios, gente de paz, doctores, policías, ladrones, líderes mundiales, religiosos, ateos, inteligentes, distraídos, profesionistas, irresponsables, ovejas o pastores.

Lo anterior se resume en la palabra diversidad que, como seres humanos individuales e imperfectos que somos, sobreabunda; sin embargo, abro la pauta para los siguientes cuestionamientos:

Mauricio Eduardo Carrillo De la Garza

Si eres, fuiste o piensas ser mamá, ¿qué tipo de madre eres, fuiste o piensas ser? ¿De qué manera podrías mejorar tu quehacer como madre? Si eres hija o hijo, ¿qué tipo de hija o hijo eres, has sido o quieres llegar a ser? ¿De qué manera podrías mejorar tu quehacer como hija o hijo en pro de tú mamá y desarrollo familiar íntegro?

Muchas veces, el Día de las Madres o cualquier festejo similar se menciona únicamente en el momento establecido por los estándares sociales, en una fecha exclusiva y nada más; sin embargo, lo antes mencionado tiene como finalidad solidificar la vida de cada persona, el festejo de los seres que, aunque imperfectos, en la mayoría de los casos, dan su vida por su familia, luchan a su mayor capacidad por avanzar, aun con los inconvenientes que en el camino se puedan atravesar. Festejemos la vida, celebremos siempre y, sobre todo, regalemos tiempo a quien más se lo merece: mamá.

Marisol Flores

Abuela

Los recuerdos de la infancia
reconfortan mis heridas,
me mantienen en la vida
con la frente muy en alto.

Esas tardes en el campo,
qué nostalgia de la vida
las historias de la abuela;
por las noches nos contaba
bajo el manto de una estrella.

Un quinqué un poco ahumado
y el petate, ahí en el suelo,
cacahuates y manzanas
para escuchar bien a la abuela.

Cuentos, llenos de enseñanza,
de las brujas, los fantasmas
y nahuales de montaña.
Duendes, tepas y chaneques.

¡Qué alegría de mis ayeres!
¡Qué recuerdos, qué momentos!
Los recuerdos de la infancia
y los cuentos de la abuela.

Marisol Flores

Mujer

Soy una mujer silvestre,
de esas llenas de alegría
que nacen con fantasía
de llegar al cielo un día.

Una mujer sencilla
que se pierde en las nubes
y sonríe todo el día.
Alguien que se maravilla
por tantas aves unidas
al unísono cantar.

Soy la madre que regaña,
la que enseña, la que ama,
la que canta, la que arrulla,
la que grita y endereza
al más pequeño de sus hijos.

Soy la esposa más paciente,
la que bendice a su amado,
la que le toma del brazo
y le mira sin aliento.

Soy la maestra sencilla,
la que habla todo el tiempo
y aconseja con palabras
simples y constantes.

Marisol Flores

Si no te gustan mis letras,
no te rindas al fracaso.
En esta vida, muchacho,
lo importante es el empeño.

Y no hay trabajo más alto,
ni trabajo más pequeño;
lo esencial es que lo ames
y disfrutes al hacerlo.

Soy la flor de la montaña
que un día crece junto al río
y otros tantos en la nieve.

Soy la mujer de carne y hueso
sin palabras elocuentes,
soy la que se queda presa
entre las nubes del cielo.

La que se tira al suelo
para mirar más de cerca
a los grillos en el césped.

Soy y no soy nada,
soy un camino tranquilo,
alguien que lo entiende todo
y al final no sabe nada.

Marisol Flores

Tierra

Que sentimiento más puro,
que gran amor nos profesa,
no hay talas ni guerras
ni contaminante alguno.
No hay enfados ni venganzas,
se mantiene siempre tierna,
esperando que entendamos
la maldad de nuestros actos.

La madre naturaleza
te grita, desesperada,
y exige con gran fiereza
que dejes a un lado el hacha
y empiezas a barbechar.

En medio de su tristeza,
te muestra su gran fiereza
mandando algún tsunami,
pidiendo tu gentileza.

Dime tú, pequeño humano,
¿por qué matas a la tierra
siendo ella quien te alimenta?

No está en duda su grandeza,
ni el amor que nos profesa;
es un ser con gran belleza.

Marisol Flores

Una madre

A una madre siempre
la encuentras en casa,
cuida de los niños
y, temprano, empieza
su digna labor.

Como un reloj
levanta al esposo,
prepara la ropa,
los libros y el lonche;
todo lo hace ágil,
parece tan fácil.

Corre por la calle
con un niño en brazos,
un bolso de mano
y un chico delante.

Una madre siempre
bendice a su amado
y da mil bendiciones
a sus pequeñuelos.

Prepara los trastes,
lo hace con esmero;
todo lo acomoda,
todo lo levanta
y corre de nuevo

rumbo a la escuela.

Una madre siempre
piensa entre sueños,
nunca duerme mucho
pues alguien la espera.

Una madre siempre
es la que regaña
y la que señala
el camino recto.

Es la que te enseña,
te muestra la cumbre
y después se aleja.

Una madre justa
es la que te ama,
te sacude el pelo
y te lanza al vuelo.

Marisol Flores

Tejedora

Mi tejedora ausente,
con dedos de cristal.
La lluvia tu consuelo,
bordando en manta blanca
con hilos de colores
hermoso delantal.
Hoy tienes en el cielo
zapatos de algodón,
poniendo como adorno
las nubes de pompón.

Marisol Flores

Dolor

Un dolor intenso,
un recuerdo llega;
la tristeza inmensa
fragmenta mi cuerpo.

No hay dolor más grande,
ni llanto pequeño;
perder una amiga,
perder una hermana.

Con ella se van sueños,
se lleva recuerdos;
momentos vividos,
ilusiones nuevas.

Te parece tan corta
la vida en la tierra,
te faltaban cosas,
anhelos y sueños,
tenías mil proyectos.

Pero Dios lo sabe,
tú ya estabas lista.
ya tenías las alas
y el permiso al cielo.

El dolor perdura,
los recuerdos duelen;

mas cuando comprendes
la cordura vuelve.

Has llegado al cielo,
a la paz eterna;
la alegría regresa
y la quietud existe.

No hay mejor morada,
ni dicha más pura;
que llegar al Padre
en edad madura.

Jhon García

Feliz día

En este día especial
el mundo se paraliza
para homenajear a nuestras madres
que han sido un apoyo incondicional.

Regalémosles flores
ahora que en vida pueden apreciarlas,
recitémosles poemas o serenatas,
presentes que dejen alegrías en sus memorias.

Un solo día
no es suficiente para agradecerles
por las largas luchas que hicieron por nosotros,
antes debemos ponernos de pie
por entregarnos su amor sin condición.

Siempre están ahí,
como madres,
como amigas,
como consejeras.
Nunca fallan.

Ellas,
ángeles guardianes,
siempre dispuestas para arroparnos
para cuando la adversidad del camino
llegue a rompernos las alas.

Jhon García

Madres hermosas, queridas,
las reinas de la casa,
a presumir de la mujer perfecta
porque, como ellas, ninguna.

Jhon García

Mamá

Cómo olvidar tu cariño
si siempre has estado ahí
desde que abrí los ojos,
desde el día en que nací.

Tanto por agradecer
a la mujer que ha dado
todo por mí,
que ha sacrificado su tiempo
para cuidar de mí.

En este día especial,
quiero decirte que te amo,
que me siento orgulloso
que por mis venas corra
sangre de una mujer guerrera.

Hoy abro mi alma,
mi corazón para escribir
y sacar desde el fondo
unos sentidos versos
para hacer un homenaje a ti.

Gracias, Dios,
por aún tenerla a mi lado,
por tener la oportunidad
de vivir con mi madre, lo más sagrado.

Jhon García

Única

La primera en sostenerme,
en arrullarme con su voz,
en dedicarme noches enteras
todas llenas de amor.

Amor incondicional,
se notó desde la gestación,
cómo olvidar esos instantes
de cuidados, de dedicación.

Desde tus labios
siempre me susurras al oído
un te amo, un te quiero
y me abrazas con tanta alegría
que me haces llorar de la emoción.

Aunque haya crecido,
en tus ojos sigo siendo el niño.
Por eso te agradezco, Dios todopoderoso,
por gozar de mi madre todavía.

Eres única,
madre querida,
y si pudiera pedir un deseo,
pediría tenerte para toda la vida.

Nely González

En mis pupilas

Voy reuniendo las vivencias
que encuentro a cada paso,
me llevo el verde jade
de las jaras y el azul celeste
de las piedras del río.

Respirando ando
con arena que huele y sabe
a simple agua de cauce crecido.

Se acurrucan en mis pupilas
las miradas de mi madre.
Me siento bien amada
por el rezo de sus labios.

Con la nostalgia
del no querer irme
elevo el vuelo y me pierdo
hacia un mundo donde
no hay nada.

En la distancia ciega
que llora y vive aquí
muy dentro, se anida ese gran
recuerdo que yo tengo
de mi madre.

Nely González

Aleteando frente a mi cara

Con mis ojos de luna eterna
busco los brazos de mi madre
que sé, están extendidos,
intentando detener mi último suspiro
y guardarlo en la memoria del tiempo.

Mis antepasados y tú
están tan cerca que siento sus alientos
aleteando frente a mi cara.

Madre, respiro tus palabras
que abrazan mis adentros,
alcanzo a escuchar una canción
cantada por ti, aunque no puedo verte.

Sé que es la bienvenida
a un infinito donde tú y ellos me esperan
en un plano diferente.

Y yo aquí con un tiempo que no camina,
no se apura, se vuelve liquido
como pisando un mar de arena
sin moverme, sin mirar
y sin poder dar un paso más.

Nely González

Alguna vez

Alguna vez
llegué de un lado
del universo, salí de ahí dejando
pedazos de alma.

Dejé el verde jade de los campos,
el azul de las montañas y el agua
cristalina de mi río.

Alguna vez fui alguien
perdida dentro de una espiral,
buscando una salida.

Fui polvo en el panteón de arena,
fui rocío que bañaba musgos y rosas.

Alguna vez estuve escuchando
el sonido de tu risa y el infinito
me sostuvo nueve meses,
respirando dentro de mi madre.

Alguna vez desperté y quise ser más,
aspiré a ser aliento de vida y empecé
a latir abrazada a tu corazón
de madre.

Salí a conocer el mundo
rompiendo de dolor tu cuerpo

para engrandecer tu vida.

Alguna vez yo fui un grito
que decidió romper el silencio
con mi llanto.

Ahora soy alguien que ama
mojarse bajo la lluvia y sonreírle
a la vida que hace mucho tiempo
me regaló mi madre.

Wendy Lara

Migrante

No me despedí de mi madre
en aquel diciembre frío,
irrumpí la frontera
en busca de mi destino.

No me despedí de mi madre
porque ni siquiera hubiera podido
y ahora en suelo gabacho
camino con guarache de indio.

No me despedí de mi madre
y ahora vuelvo arrepentido,
hoy vengo a despedir a mi madre
que al cielo ya ha partido.

La niña

Dedicado a la tierna jovencita que me dio el título de madre

La niña, lo digo con un suspiro como si ya fuera sólo un recuerdo. Atrás van quedando los juegos infantiles y va descubriendo poco a poco las cosas de la juventud.

La niña, hasta hace poco, era tan dependiente de los brazos de mamá. Hoy sólo me dio un abrazo y beso rápido porque se le hacía tarde por sus amistades encontrar.

La niña antes derramaba agua por doquier con sus manitas un poco torpes. Hoy soy yo la que torpemente derrama lágrimas al ver alejarse a mi niña, la que, poco a poco, se va convirtiendo en mujer.

Rosalva López López

Mística Mujer

Es una mística mujer
que, en su afán de protegernos,
entrega su amor, ternura y desvelos.

Se asemeja a las estrellas,
nos ilumina su belleza,
nos contempla y ama;
otras, nos reprende.

Es tan dulce su hablar
y penetrantes son sus palabras,
nos arrulla melodiosamente
y nos cubre bajo su manto.

Esa mujer de cabellos plateados,
de piel curtida por los años,
la que todo lo da y no pide nada a cambio,
tiene el misterio de Dios en su mirada
y en su andar la humildad de una gran dama.

Si la ves bríndale tu apoyo, dale un abrazo,
dile que la quieres, que la necesitas,
que la amas...

Porque cuando no la tengas y se vaya,
extrañarás sus pláticas, sus ocurrencias,
tanto amor que ella te daba.

Rosalva López López

Una madre es un privilegio
y una gran bendición,
no importa la edad que tengas,
siempre se extraña y se ama.

Rosalva López López

Querida madre

Hay seres invencibles, extraordinarios, que jamás se olvidan, que dejan a su paso la huella de su amor, el ejemplo a seguir y tú, eternamente, vivirás por siempre en nuestros corazones.

Querida madre, has sido un pilar muy importante en nuestra familia, por tu fortaleza inquebrantable, cultivas a tu paso amor, compartes tu pan, tu tiempo, tu entusiasmo, tu valentía, eres para todos muy querida.

Quienes tenemos el privilegio de conocer tu vida, tus éxitos y fracasos, admiramos tus talentos, tu entrega, tu luz y tu alegría, bendita seas por siempre madre.

Rosalva López López

Mujer

A veces flaquea sin dejarse caer,
lucha sin tregua, sin rendirse jamás,
la madre, amiga y confidente,
la mujer de cabellos plateados y arrugas
en su frente, que no teme envejecer,
quien, con una sonrisa, expresa su sentir.

Quien con sus consejos y amor
nos enseña a vivir,
la que no le importa su edad
con experiencia y sabiduría,
nos educa con su ejemplo.

Mujer fuerte y tenaz,
quien conquista el mundo
y nuestro corazón,
forja un futuro cierto
y a sus hijos educa con el ejemplo,
al caminar deja las huellas
de su amor y bondad.

Dios Bendito no se equivocó
al darle la misión de dar vida y educar,
madre, amiga, hija, confidente...
Es grande en su oficio de amar.

Rosalva López López

Amor de madre

El amor de una madre no se discute,
siempre está dispuesta a ayudar y servir,
no hay herida, por más grave que sea,
que una madre, con su inigualable
amor, no sane.

El amor de una madre
es desinteresado,
una madre no exige,
simplemente da.
El corazón de una madre
es transparente y resistente,
su esencia impregna nuestras vidas.

Siempre es madre,
compañera y amiga.
Nos escucha en silencio
y nos enseña con su ejemplo,
sus suaves caricias
con ternura nos cautivan.

Querida madre, eres mi felicidad.
Te amo, mamá, por el amor
que en mí derramas cada día.

Rosalva López López

Madre mía

No tenía palabras para decirte, ni razones para de ti alejarme. Que razón tenías, la vida da muchas vueltas; ahora muero lentamente en agonía, tú no estás aquí, sufro tu ausencia, recuerdo tus consejos, tus palabras, tus comidas y detalles, lamento no haberme dado el tiempo de darte todo lo que tú merecías, madre mía, no tuve tiempo de compartir mis triunfos y fracasos, de abrazarte y llenarte de besos, de corresponder a tu ternura y cuidados, de disfrutarte.

Mamá, perdona mi estupidez, creer que en mi madurez ya no necesitaba de ti. En el correr de los años acumulando fortuna me olvidé de ti y me resultaba necedad hablar contigo, porque siempre me pedías verte. Decía yo, ¿para qué, si estás bien? Tú ya viviste, ahora déjame a mí vivir; te ponía mil pretextos, ocupada con mil cosas, llamándote cada mes para posponer mis visitas.

Nada llena tu ausencia ni el dolor de tu partida. Fui una hija ingrata que no se dio el tiempo de amarte. Madre mía, por favor, perdóname, hoy me doy cuenta del grave error que cometí. Como quisiera regresar el tiempo para estar junto a ti.

A mi madre

Madre mía, eras tan bella como las rosas que florecían en mi jardín.

Recuerdo con amor cuando me acurrucabas en tus brazos y me dabas tu calor.

¡Madre mía querida! Siempre me confortabas en mis noches de dolor cuando mi corazón sufría penas de amor.

¡Como extraño tu sonrisa y los consejos que me dabas cuando, con ternura infinita, mi cabeza acariciabas!

Te dormiste entre mis brazos y un último suspiro exhalaste, de tus ojitos cerrados salió una lágrima que enjugué con mis besos y guardé en mi alma.

Algún día te alcanzaré en el cielo, a donde fuiste a preparar morada para recibir a tus hijos, madre mía adorada.

Sanjuana Martínez

Sofía

Dedicado a mi madre

Mujer sabia y guerrera,
amabas sin igual a tu esposo.
Y sin importar las inclemencias
del tiempo, espacio,
enfermedades,
opresiones,
amaste y lo seguiste
e hiciste de Tamaulipas
nuestro terruño.
Ahora en estas tierras.
descansan ambos. Aunque están separados
en su última morada por circunstancias ajenas
a ustedes.
Sé que desde donde estés,
lucharás para estar junto a tu amado esposo.
Te admiro, Sofía.

Sanjuana Martínez

Tres hermanas

Diferentes las tres,
cada una con cualidades únicas,
cada una defendiendo su amor como su madre,
como esposas, madres, abuelas y más.
La distancia no fue motivo para luchar por ello.
Las tres madres amantes y orgullosas
de sus hijos y de sus logros.
Sus hombros siempre están para ellos,
para que reposen y recuerden
que en sus regazos venían a llorar
o a compartir sus triunfos.
Hoy, orgullosas abuelas.
Distintas en muchos aspectos las tres.
Sin embargo, el amor filial es real e infinito.
En este día de las madres, les dedico este escrito.
Feliz y bendecido día de las madres.

Sanjuana Martínez

Siempre activas

Dos hermanas, sabias y trabajadoras,
ambas muy diferentes,
dignas hijas y esposas
no se amilanan ante nada,
dignas hijas de su madre.
Mujeres honestas, calladas, educadas
y con una bella sonrisa.
Hoy madres que siguen el ejemplo
de quien las trajo a este mundo.
Hoy están transmitiendo a sus hijos
ese amor que le tienen a su madre.
Amemos a mamá en vida.
En la tumba,
las flores y el llanto no le sirven.
Honrarlas en el presente,
para ellas son medallas de oro.
Con mucho respeto para esas madres
que callan sus dolores.
Hablen, hagan ruido, porque si callan,
hay un enemigo al acecho.
Y hoy es un enemigo que ataca
a quienes guardamos
y callamos nuestro coraje.

Juan Gerardo Medina

La dama de los ojos de primavera

Eres la dama de los ojos de primavera,
piel de invierno,
cabello de otoño
y sonrisa de verano.

Me diste la fuerza y la dulzura.
Tuviste el balance perfecto:
dar amor con disciplina
y regaños con cariño.

Tu risa se desbordaba
e inundaba el lugar donde estabas,
bastaba una mirada
para poner en cintura a los piratas.

Pareciera que el tiempo te alcanzó,
pero no fue así,
tú permitiste que llegara y anidara
en tus sienes.

Con elegancia portabas
hilos de plata
cuidadosamente engarzados
en tu hermosa cabellera.

Me dejaste grandes enseñanzas,
una escuela para seguir,
un camino recorrido

Juan Gerardo Medina

y la libertad de escoger mi viaje.

Te conocen por muchos nombres,
yo solo usé uno con amor y respeto,
por siempre y para siempre,
aquí y donde estés: mamá.

Juan Gerardo Medina

En medio de la nada

Sentado en medio de la nada,
mi mente navega
en el abismo de la mediocridad
y la inspiración ausente.

Obscuridad total,
implosión, corazón inerte.
Tu esencia palpable
es música sublime para mis oídos,
tu ausencia es tortura
y desolación para mi alma.

Me falta algo
que sólo tú me dabas,
eso que inundaba mi ser
con tu sola presencia.
¿Será el calor de tu amor?
¿La dulzura de tu mirada?
¿La fortaleza de tus abrazos?
¿O el ritmo del latido de tu corazón?

Tu ausencia me pesa,
hoy más que nunca
quisiera poder volver
a tu vientre una vez más.

El recuerdo de tu hermosa sonrisa,
del inconfundible aroma de tu ser,

Juan Gerardo Medina

de ese calor único e inconfundible
que inunda mis sentidos.

En medio de la nada
llegaste tú, mamá,
una vez más a mi ayuda
y sonrío al verte,
aunque sólo sea un sueño...

Juan Gerardo Medina

Gracias no, perdón sí

Al llegar mayo
llega la época
de dar gracias a mamá
por esto o por aquello:
"Gracias, mamá
por la vida,
por la comida,
por los cuidados".
"Gracias, mi reina,
por todo el amor,
por estar siempre
en la enfermedad".
"Por exigirme estudiar,
por enseñarme a amar a Dios
a ser respetuoso,
y a trabajar también".

Pero nadie dice perdón
por haberme portado mal,
por no haber estudiado más,
por no intentar ser mejor.
Nadie dice: perdón, mamá,
por el abandono,
por no cuidarte,
por dejarte sola.
Nadie dice: perdón, mamá,
por dejar que sea otro hermano o hermana
quien te cuide, quien te atienda

Juan Gerardo Medina

y no pelear por hacerlo yo.

Perdón, mamá,
por no merecer tanto amor,
por no intentar ser mejor hijo,
por tener mil excusas para no verte.

Perdón, mamá,
por venir arrepentido
a llorar a tu féretro
y no haber velado por ti, en vida.
Perdón, mamá, perdón.

Juan Gerardo Medina

¿Y volverán?

¿Volverán esos momentos felices?
¿Esos que al lado de mi madre pasé?
¿O se han marchitado para siempre?
¿Quizás para nunca más volver?

No, hija mía, ahora te toca a ti
llevar esa estafeta de guerrera,
de mujer fuerte y amorosa
que hace el trabajo más difícil
y sólo recibe desdenes y críticas,
más nunca un reconocimiento.
Ahora te toca a ti vivir esas épocas
y comprender que lo que a ti te hacía feliz,
a veces le rompía el alma a tu madre
sin decirlo jamás ni proferir queja alguna.
¿Eso quieres que vuelva?
Quizás esta vez le agradezcas.
¿Le besarás y abrazarás?
Quizás ahora sí le digas:
"¡Gracias, madre adorada!"
"Déjame ser yo quien te atienda con una sonrisa,
déjame ser yo quien te dé la alegría".
Quizás aún estés a tiempo,
muy a tiempo, hija mía.

Fermín Meléndez

Ante la tumba de mi madre

Ante la tumba de mi madre,
allí en el camposanto,
allí mi amargo llanto
surca mis mejillas.

Y, como un cuerpo sin alma,
caí de rodillas
y, postrado de hinojos,
mis húmedos ojos
voltearon al cielo.

Se agitó mi sangre.
Entre polvo y ceniza
dije: ¡perdón, madre!,
y miré su sonrisa.

Allí entre tumbas y flores
dije: lo acepto,
no fui el hijo perfecto,
tuve mis errores.
Aun así, estuve presente,
siempre en sus oraciones.

Si fui un mal portado,
no me negó su beso.
Y si mi camino era oscuro,
le dio luz su rezo.

Fermín Meléndez

Hoy no estás, y quiero
platicarte mis sueños,
mis logros
y hasta mis tropiezos.

La ley de la vida
juventud quebranta.
Cada tumba es,
una abierta herida.
Madre, yo no sabía,
cuánto, cuánto me haces falta.

Blanka Reyes

Como un roble

Eres roble que no se dobla,
que protege y alienta mis días.
Tus brazos,
cobijas que me apartan del miedo,
tus hojas,
lecho entre sol, lluvia y tormentas.

Río de agua clara que sacia mi sed,
horizonte por el cual me guías y acompañas
a explorar y a recorrer senderos.
Brisa mía.
De mis días solitarios, pétalo de rosa.
Ternura, amor y espinas.
Gardenia blanca,
perfume de mis días tristes.
¡Eres bendición de Dios, mi roble, madre mía!

Mi bendición

En su carita se ve un gesto de dolor, su voz se escucha muy bajito, dice que está cansada y no se puede levantar de esa cama donde está postrada. Sus brazos no tienen fuerzas y sus piernas no la sostienen, ella dice con tristeza que es una carga y yo le digo con cariño que ella no es una carga, para mí ella es lo mejor con que Dios me ha bendecido.

Entonces ella sonríe y su carita se ilumina y se ve hermosa. La abrazo y le doy un beso en la frente y le digo que se deje cuidar y ayudar, que pronto ella volverá a caminar.

Siempre le sonrió y ella me mira tan hermosa como siempre; de pronto, le salen unas lágrimas que yo le limpio. Sé que son de impotencia pues ella siempre fue el roble que nos abrazaba con sus ramas y nos protegía.

Nos abrazamos, sentadas al borde de la cama. Ella me mira muy tiernamente y con una sonrisa en su dulce carita me dice: no lloraré más y voy a poner mucho de mi parte para que todo vuelva a estar bien como antes.

Acariciando su cabeza y su carita le digo suavemente: no te apures por eso mientras Dios me dé fuerzas me quedaré contigo para cuidarte por siempre.

Blanka Reyes

Me pregunto

Cuando la vida me pone
a prueba, lo más difícil
es como se los digo a
los demás, lo primero
que pienso es:
¿Se lo digo a mi madre?
¿Cómo se lo digo a mi
familia?

Pienso en mi madre y es
entonces que al pensar
en ella me da fuerza
y esa fortaleza que tanto
necesito emerge en mí
para enfrentar cualquier
adversidad.

Pero ahora vuelvo a pensar
y me hago tantas preguntas,
¿qué va a pasar el día que
ella no esté conmigo?
¿Seguiré siendo fuerte?
¿Podré seguir teniendo la
misma fortaleza, que
algunos admiran en mí y
otros odian tanto?
¿Seguirá pareciendo que mi
corazón es de roca?

Blanka Reyes

En fin, por ahora sólo rezo
y espero que Dios le conceda
larga vida a mi madre
y que pasen muchos años,
antes de tener respuesta
a estas preguntas.

Ella

Ella me mira sin ver la mirada perdida dentro de su ser, sus ojitos tristes sin saber qué hacer, como buscando dentro, hurgando en los recuerdos de antaño que, en algún momento, surgen y la hacen sonreír, pero también llorar, casi siempre es de contenta y de felicidad.

Pasa horas ensimismada y se llena de ansiedad cuando alguien le pregunta algo; muy contenta quiere contestar, pero las palabras a su mente no quieren llegar, es entonces que de ella se apodera la ansiedad y le da por llorar pues se siente impotente al no poder recordar.

Cuando ella sonríe es como una niña, pues la sonrisa está en su mirada inocente y llena de ternura como si fuera un bebé al cual hoy me toca cuidar.

José Ángel Reyes

Una palabra

Busqué en el diccionario una palabra
que defina mi mundo, mi universo,
que se escriba con caricias y ternura
y se pronuncie despacito, beso a beso.

Buscaba una palabra que describa
el amor más puro y más sincero,
que signifique lo mismo ayer que ahora,
una lágrima, un suspiro o un te quiero.

Y resulta que encontré en mi alma oculta
la palabra que busqué con tanto esmero:
¡Mamá!

José Ángel Reyes

A mamá

Tengo un amor que es divino
y por Dios que no te miento.

Un amor que es cristalino,
dulce y suave como el viento.

Es un amor que no miente,
que no engaña, que no hiere.

Es un amor diferente,
sin condiciones me quiere.

Es el amor de mi madre,
la reina de mis quereres.

Pues si no amara a mi madre,
¿cómo amar a las mujeres?

José Ángel Reyes

Carta a mamá

Te escribo porque no tuve la oportunidad de decirte tantas cosas. Fue tan breve tu paso por mi existir que me faltó tiempo para amarte.

    No sé si te agradecí suficiente y hoy quiero darte las gracias por ser la mejor madre del mundo. Gracias porque no sólo me enseñaste a caminar, me mostraste el mejor camino. Gracias porque no sólo me enseñaste mi primera palabra, me enseñaste a hablar con el corazón. Gracias porque cuando me regañabas, en realidad estabas esculpiendo una mejor persona. Gracias por todas esas noches que velaste mi sueño cuando estuve enfermo. Gracias, mi maestra, mi enfermera, mi psicóloga, mi consejera, mi confidente y mi cómplice. Allá donde te encuentres, sé que me estarás mirando con ternura. Asómate desde el cielo para desearte felicidades, mamá.

José Ángel Reyes

Ven

Ven, visítame esta noche mientras
duermo, asómate a mi alma
y ve mi anhelo de hallar en tu mirar
la suave calma.

Acúname otra vez en tu regazo
y déjame soñar que estás conmigo,
dale a mi alma un fuerte abrazo
y allá, a donde vas, iré contigo.

La luz que alumbra mi camino va muriendo,
se acerca ya el final, de eso estoy cierto,
el peso de las penas me va hiriendo,
mi mundo, sin ti, está desierto.

Visítame está noche mientras duermo,
dame el consuelo que mi alma necesita,
al amanecer estaremos juntos,
allá donde descansas, madrecita.

José Ángel Reyes

Felicidades, mamá

Guerrera incansable de mirada tierna
que entre sus brazos me acunó de niño,
me dio la vida y me entregó en sus besos
su amor eterno siempre con cariño.

Mil y un consejo que a mi vida dieron
las enseñanzas sabias de la vida buena,
con sus caricias alivió con creces
todo dolor que me causara pena.

En vez de flores quiero darte un beso
y mil abrazos al nacer el día,
y no desearte sino darte, madrecita,
felicidades y mucha alegría.

José Ángel Reyes

Si pudiera volar

Si yo pudiese volar y visitarte en el cielo,
y decirte mil "te quiero" que faltó por regalarte.

Si yo pudiese volar y visitarte en el cielo,
no lo pensaría dos veces para volver a abrazarte.

Te daría mil y un besos si volviera a encontrarte
y reír junto contigo y volver a platicar.

Cuántas cosas te diría si te mirara de nuevo,
te visitaría en el cielo si yo pudiese, mamá.

Aracely Robles Granados

Madre mía

Mirarme en tus ojos,
apegar mi cabeza en tu regazo,
rodearme en tus brazos
sintiendo el latir de tu corazón.
Sentir el calor de tus manos
acariciando mi rostro
o tal vez limpiando una lágrima
que, por impotencia, derrame.

Escuchar tu voz
es una bella melodía
de donde oigo la canción
que alegra mi vida.
A Dios agradezco
tener la oportunidad
de disfrutar cada momento
tu calor, amor y bondad.

Cuando siento desfallecer
sé que en ti consuelo tengo.
Tus palabras me fortalecen
y renuevan mi energía.
Cómo no agradecer al Creador
por esta sublime madre,
la madre mía que me ha dado
todo su corazón y su vida.

Feliz Día de las Madres

Ser madre no es fácil. Es la universidad más larga de la mujer. Recibimos el certificado primero y toda la vida estamos en clase.

Como madres somos multifacéticas y siempre innovamos. Como madres los sentimientos son amor, acompañado de diversos pesares, emociones confusas y cambiantes que nos vuelven bipolares. Lágrimas derramadas de alegría, a veces de tristeza y dolor, así como de impotencia y coraje.

Al ser madre no siempre se recibe lo que se espera. Los hijos no pidieron lo que dimos, lo dimos porque fue en su momento la mejor alternativa que tuvimos y porque para más no tuvimos.

Nuestros hijos no pidieron sacrificios o actos de amor extremos. Lo dimos por amor pensando en que sería lo mejor para ellos.

Madres somos y lo que damos y creemos que es lo mejor para los hijos es por aquello que un día, siendo hijos, carecimos.

Con el tiempo nos damos cuenta de que en realidad todo lo que dimos no era tan necesario cuando los hijos deciden qué camino tomar y todo lo que dimos en el olvido ha quedado.

Ser madre no es fácil y no a todos nos queda bien ese certificado pese a que muchas lo recibimos. Sin embargo, seguimos estudiando y aprendiendo. A pesar de que nos vamos quedando solas y en el último plano de la vida de nuestros hijos.

Ser madre es una interrogante de la cual no sabemos hasta que los hijos crecen y nos muestran si con nuestras decisiones del ayer les hicimos un bien o un mal.

Llega el tiempo donde los hijos empiezan a calificarnos y nos expresan nuestros errores, nuestras fallas y lo que nos faltó, así como aquello que dimos de más.

Ser madre es la experiencia más bonita como la más difícil de una mujer en la cual dimos todo cuando no teníamos nada.

Aunque los hijos tienen su momento de realizar su familia igual nada cambia. Nada cambia cuando construyen su nido porque, al ver el trato que la pareja les da, nos llena de alegría o puede ser coraje, tristeza e impotencia al tener que callar. Siendo una madre y suegra nuestra opinión ya no cuenta y ser entrometida sólo les traería problemas.

Hijos como madre siendo ustedes adultos y teniendo su propia familia ya no hay mucho que hacer o que dar como madre, sólo las palabras para darles ánimo cuando lo necesiten, el tiempo y oídos para escucharlos, la sabia experiencia si piden consejo, el hombro y regazo para llorar cuando no puedan más, las manos para secar sus lágrimas y las rodillas para llevarlos a Dios en oración.

Ser madre es para siempre porque aún después de muerta recordada será.

Gloria Rodríguez

Santísima

Santísima te llamo, madre mía,
remanso de agua clara y esperanzas,
son tus manos, tus ojos, mi alegría,
son tus brazos y besos, alabanzas.
Siempre has sido la fuerza, el sustento
que me salva de insomnios y quebrantos,
con palabras devuelves nuestro aliento,
con tu abrazo ahuyentas desencantos.

Nunca ha habido regaños o reclamos,
las tristezas han sido compartidas,
las heridas las curas con tus manos,
las ternuras han sido desmedidas.
Las tardes que me llevan a tu encuentro
corremos por caminos de la mente,
viajamos al pasado en un instante
y regresamos felices al presente.

Los lazos invisibles que nos llaman
son fuerza de la sangre que llevamos,
diez somos, tus hijos que te aclaman,
a ti, gloriosa madre te adoramos.
Agradezco al creador tenerte aquí,
santísima madre, mi aliciente,
la vida te guarde siempre, así,
lúcida y radiante, como siempre.

Gloria Rodríguez

Mujer semilla

I

En el recinto de la noche
surge el polvo transparente.
Voces del subconsciente.
Se abren laberintos, caminos del sueño.
Ahí estás,
bailas la melodía de tus años frescos,
azul turquesa en tus manos,
agitas tus brazos hasta volverlos alba.
En el umbral de la palabra brotas:
mujer semilla, mujer tiempo, mujer trigo.
Tu pecho es ave, corazón de árbol,
mujer sueño, refugio de mis hermanos,
semilla de guirnalda.
Mujer vaivén de cantos
y laderas de amapolas blancas.
El tiempo es acumulación de nostalgias.
Un oleaje me lleva a tus puertas,
con hilos invisibles me llamas
y llego a tu casa para tejer instantes
con palabras.

Gloria Rodríguez

II

En mis muertes nocturnas
el tiempo es raíces mientras cantas.
El azul en el que habitas:
esa casa de paredes altas.
Mueves piedras del tiempo
para encontrar el agua.
Ahora mis sueños
huelen a nostalgia, a leña seca,
chimenea humeante,
canela y hojarascas.
Sueño tu sueño,
la vida nos ofrece viandas.
El tiempo se convierte en polvo,
en tardes tibias en la distancia.
El portal se abre, desmadeja
urdimbres y emerges alba.
Árbol de muchos pájaros es tu almohada
y en mi sueño bailas esa canción azul
que me lleva a escarbar en el recuerdo
de la casa de paredes viejas y altas.
En el recinto de la noche
surge el polvo transparente
y te abrazo a mí, mujer semilla,
mujer alba.

Gloria Rodríguez

Filial

Desde la raíz profunda de mi entendimiento vislumbraba la urdimbre de tus manos; yo era alondra en nido de musgo, hiedra silvestre, era luz en la pupila de tus ojos; en tus retinas se esfumaba la tarde en plenitud de risas.

Cuando era gacela, me esperabas con alas abiertas, tejías sueños que me envolvían cada mañana, palpabas las vértebras de mis pensamientos, tocabas esas reminiscencias de mis primeros hermanos, aquéllos que tocaban notas en pentagramas de viento.

Fui barro entre tus manos, espejo y raíz de tu pensamiento: te volviste rosa y aspiré tu aroma; me convertí en abeja y produje miel para mis deudos, busqué en rincones del tiempo hasta quedar exhausta, exhausta del palpitar de mis dedos.

Fui sueños alados y crepitar de fuego; me quisiste desde antes, como a mis hermanos dispersos, igual que a la alondra que se posó en tus manos; fuimos trascendencia, perpetuidad reflejada en retinas, sueños aleteando entre bandada de loros a lo lejos.

Desde la raíz profunda de mi entendimiento te he amado: y sigo adherida a tus paredes; con hilos invisibles me llamas cada tarde, voy hasta tus brazos que alumbran mis días de invierno.

Seguimos escuchamos el crepitar del fuego, saboreando el fruto de los años como en aquellos tiempos: cuando yo era alondra, cuando yo era gacela y me esperabas con tus alas abiertas.

Gloria Rodríguez

Similitud

Me parezco a mi madre
con su melancolía por sus hijos ausentes,
con su regazo vacío por unas horas,
con sus alegrías internas
y la esperanza de verlos.

Me parezco a mi madre
recorriendo praderas de insomnios
donde se esconden ecos de sus juegos,
sus voces y recuerdos.

Me parezco a mi madre
elevando plegarias en tardes de otoño,
llevando en su pecho una canción alegre
y gritando al viento su gran amor eterno.

Ramiro Rodríguez

Madre amorosa

Las palabras son símbolo de amor,
la hermosura es un espejo de luna;
hermosura de luna, no hay ninguna,
sólo el amor de madre en esplendor.

Un amor limpio que habla su candor,
barca inmensa cruzando la laguna;
madre de amor, mi madre sólo una,
mujer que cuenta al hijo en el dulzor.

Mujer que trae al mundo la esperanza,
quien llora nueve estrellas de alegría
y que mantiene siempre la confianza.

Mujer de gracia llena, madre mía,
mujer que canta al cielo la alabanza
y quien disfruta a su hijo cada día.

Ramiro Rodríguez

Diciembre

No eres, diciembre, mes esplendoroso
aunque el amor divino representes.
Oscuro eres, mes de arrullos ausentes,
frialdad infame que niega el reposo.

No eres, diciembre, bendito y honroso,
aunque de hermandad florezcan las mentes.
Sólo escarcha eres, sin cálidas fuentes,
sin frases maternas que alienten gozo.

Viento que enterneces el corazón,
¿por qué no colmas mi sangrante herida
y el recuerdo colmas con la ilusión?

Sombra cuya culpa extingue la vida,
¿y por qué no viertes resignación
para libertar la ausencia escondida?

Ramiro Rodríguez

Dos años

Sí, Neruda... es muy largo el olvido.

Dos años hace ya que te dormiste
llevándote el haz de rayos lunares,
la brisa fresca de todos los mares
y esa sonrisa que siempre me diste.

Dos años intensos de lluvia triste
en sombra rompen sus largos pesares.
Dos años que construyen valladares
extinguiendo la paz que prometiste.

Mis labios sin cuerpo en el suelo yacen
como palabras que asesina el viento,
como sorbos que en lágrimas renacen.

Soy piedra que vegeta sin aliento,
suspiros que en escombros se deshacen
por los cauces rojos del pensamiento.

Ramiro Rodríguez

Madre, yo te amo más

Madre, te amo más a través del tiempo
aunque contemples paisajes distintos.
Con mis párpados te amo y con mi boca,
con mis plegarias blancas y mis hijos.

Habitas desde siempre y para siempre
en mis voces, mis sueños, mis silencios,
cada instante en el claro de mis ojos:
entre mares, tierra, entre arena y viento.

Estaré entre tus alas majestuosas,
en islas pobladas de lluvia y canto:
serás, entre deidades, una diosa.

El reencuentro vendrá algún domingo.
Serás quien fuiste y yo seré quien fui:
—Serás mi madre, yo seré tu hijo.

Ramiro Rodríguez

Sonetos a mi madre

*"...más voces ni plegarias sollozantes
que el majestuoso tumbo de las olas".*
Manuel Gutiérrez Nájera

I

¿Qué son las estrellas, madre, para hablar de ti
y qué el majestuoso tumbo de las olas verdes?
¿Qué son los fulgores regios —en el sol te pierdes?
¿Qué los crepúsculos blancos de espuma organdí?

Las constelaciones fundan su estancia de diosas
en cantos de pájaros, en encanto de flores,
en el cósmico templo de impacientes colores
y en jardines translúcidos poblados de rosas.

Te presentan los árboles celeste homenaje,
te obsequian almendras en su líquido tatuaje
y encienden sus destellos en aromas de sal.

Las gladiolas de México parecen pequeñas,
de suavidad inconsútil amanecen dueñas
y en su inquieto perfume el suspiro natural.

Ramiro Rodríguez

II

Y es que, madre mía, si tuviera que pintarte
con palabras que inventaran certitud sonora,
con versos que anunciaran tu semblante en la flora,
tendría que encontrarte en la infinitud del arte.

Plantar ramos de flores con intrépido llanto,
llevarte arrecifes son sus cangrejos y peces,
decir que en las claras voces del mar apareces,
que libertas dentro del sueño un lírico canto.

Aunque de suaves murmullos careciera mayo
y este ensayo no fuera más que vulgar ensayo,
tendría que encontrarte en la infinitud del arte.

Porque tú eres mi madre, porque yo soy tu hijo,
porque me quieres con fuerza, aunque sea prolijo,
no descansan mis labios dulces para besarte.

Ramiro Rodríguez

Sonetos a Celia Esperanza

A Celia Esperanza Charles de Pérez

I

Llegaste, madre, al suave acantilado
con el murmullo de un viento imposible,
volviste dueña de un campo invisible
dispuesta a encontrarte un verso azulado.

Llegaste, alígera, al límpido estrado,
llegaste a cantar con rostro apacible,
la estrella anunció tu encanto indecible
en frágil pluma de ritmo y de agrado.

Llegaste, ingrávida, en lluvia distinta,
en templos marinos quemas la tinta
escrita en poemas que hablan tu arte.

Llegaste, madre, de un sol literario,
fecunda invasión de amor libertario
en cumbres que lucen fiel estandarte.

Ramiro Rodríguez

II

Viajaste, madre, inolvidable, amena
abriendo tierras que a dioses asombran,
lenguas de fuego mis duelos escombran
y en playas construyen puentes de arena.

Y emerges, madre, en afable faena
cuando hojarascas las calles alfombran,
metáforas bellas y aves te nombran
en liras de incendio y plata serena.

Hoy que te vistes con prenda invisible
tu arte se envuelve de olvido imposible
y enciende a mi sol de intensa confianza.

El mágico mar de impávidos peces
pronuncia tu voz frecuentes las veces,
repite Esperanza, Celia Esperanza.

Rosalva Ruiz

Camino a casa

Voy salte que salte rumbo a tu casa,
cantando, saltando y quitando pétalos
de esta rosa al azar.
Juro que, una a una, me dice la verdad.
Si tú me vas a regañar o si me vas a abrazar.
La primera dice que me quieres.
Uy, sigo cantando y saltando
como en aquellos ayeres
cuando todo era un juego.
La segunda, que de vez en cuando te desespero.
Tss, siento una punzada en mi pecho,
pero pues que más le hacemos.
Tercera, que me extrañas y con eso,
la sonrisa me regresa así de veloz.
Cuarta, que me regañas.
Tss, ¿será el 4 que saqué en mate del otro día?
¿O tal vez lo de la estatuilla que rompí
de la cantinita?
Quinta, que me cantas una melodía.
Aww, qué bonito sería,
como cuando era una bebita.
Sexta, que te enojas y te quedas callada.
Hmm, ¿será por esa salida sin permiso?
Séptima, que me sonríes por ninguna razón.
Si vieras qué bonito se siente mi corazón.

Sigo saltando, cantando y arrancando pétalos,
alegrías vienen y van,

mas seguimos unidas igual.
De pronto veo que casi todos los pétalos se van.
Asustada me enfreno
y decido, mejor, caminar.
Nerviosa por el destino final,
llevo pasos lentos, pues pasó la separación
y lo bueno que le siguió el reencuentro.
Pasaron las semillas y los nietos,
momentos muy amenos.

Pero sólo me quedan unos cuantos pétalos.
Tengo miedo, tengo un mal presentimiento.
El último pétalo me hace llorar,
pues ya no te veré más.
Sólo lo veo (el pétalo),
pero no lo puedo arrancar.
No, no me atrevo.

¿Y si me doy la vuelta? ¿Y si recojo los pétalos?
¿Y si los vuelvo a pegar?
Tal vez, de otra forma empezar
para llegar a otro final.
Sí, ya lo decidí.
Me doy la vuelta y...
¡Sorpresa! ¡Aquí estás, mamá!
Y traes contigo cada pétalo que dejé atrás.
Pétalos caídos, recogidos y tejidos.
Algunos destartalados y otros bien cuidados,
todos formando un capullo como cuna
que me da la bienvenida,
como si fuera aquel primer día

en que, en sus brazos, me recibía.

Mi rosa blanca, completa.
Gracias por siempre estar ahí.
Gracias por ser mi mamá.

Rosalva Ruiz

Felicidades, mamá

Frente a frente, te ves en el espejo.
Esperanzas, metas y deseos te profesas
mientras líneas de fatiga, año tras año,
Ilustran tu rostro.

Cuántas noches sin dormir,
escribiendo un porvenir,
inundada de inseguridad,
mas sin dar un paso atrás.

Dando lo mejor de ti
contra adversidades desconocidas,
dibujando piedras firmes
mientras aprendan a andar
y sin esperar nada a cambio,
sólo que viva, que sea de bien
y sea feliz.

Maquillaje se ve en tu rostro
como armadura puesta,
asimilando bienestar y salud,
aun a cuenta de un sinfín de cosas.

Mamá no es cualquier palabra
porque pesa en la garganta.
Amor es sinónimo de ti,
no encuentro mejor palabra.

Lucy Salazar

Un bello ángel

Quieta como aguas cristalinas
de un oasis en un cálido desierto.
Un bello diamante con muchos cortes,
pero jamás dejando de ser una bella joya.
Irradiaba tanta luz propia que,
al momento que Dios la llamó,
ella, gustosa, fue a su encuentro.
Recuerdos muchos y muy bellos,
sus estrellas sabor a maíz, hogar y amor.
Inundado de dolor está mi corazón
por la partida de un verdadero ángel.
Noble, amorosa y servicial,
siempre en lucha contra el mal,
su cuerpo fatigado por muchas guerras,
pero jamás dejó que su alma se manchara
con sentimientos oscuros.
Agradecida estoy con la vida
porque me diste cariño, respeto
y, sobre todo, me hiciste ver
que no toda la gente es mala
y eras un claro ejemplo...
Hasta el cielo, con amor.

Lucy Salazar

A través de la ventana

Lina, gran casona blanca, hermosa por fuera y hermosa por dentro, parece su cárcel.

Ella allí, viendo a través de la ventana, pensativa, como si el tiempo se detuviera; a veces triste, a veces seria, pero siempre callada.

Casi nunca expresaba alegría, ni tampoco tristeza, sólo se adentraba en ella misma como si su cuerpo fuera otra cárcel más, que su verdadero yo estuviera prisionero. Nunca mostró sus talentos que eran muchos.

Pareciera que la risa o la alegría eran pecado. No le dieron el derecho a ser feliz, a ser ella misma, porque le dijeron que, si no había entrada monetaria, no tendría que estar contenta por nada. Ella sólo tenía que estar preocupada por deudas, vestido, alimento e hijos.

Cerraron su boca para no protestar. Ella no tenía derecho a salir adelante por sí misma. La estúpida sociedad del qué dirán, pensamiento errado que sólo la alejó de todo lo que amaba.

Era una flor en su máximo esplendor, pero la fueron sacando poco a poco; sólo le inyectaron agua contaminada de negatividad que terminó por secarla.

Pero sus raíces no pudieron secar completamente porque dejó retoños que siempre estarán para recordarla por siempre.

Antonieta Salinas

Si fuera la madre de mi madre

Le evitaría unos cuantos sufrimientos,
secaría sus lágrimas tras una decepción,
le prodigaría el amor y comprensión
que en su infancia le faltó.

La invitaría a volar bajo sus propios riesgos,
sin orden, sin restricciones y sin tiempo,
le regalaría un ramillete de rosas
y no una vara incrustada en su piel.

Le enseñaría a descubrir instantes mágicos,
llenos de aventuras con ternura y caramelos,
días soleados, un millón de primaveras
bajo la lluvia, en un arcoíris de colibríes.

Sería la princesa en un país lleno de maravillas,
no la sirvienta en el cuento de brujas,
hablaría con su ángel guardián
para que la cuidara de todo mal.

Su mundo sería cálido,
una niñez en los regazos del cielo,
tendría una juventud llena de experiencias
amorosas, con palabras susurrantes
entre el oro y el cristal.

Pondría a sus pies ríos de pétalos y jardines
llenos de besos que suavizaran su caminar,

Antonieta Salinas

sintetizaría canciones en el mar
y le enseñaría lo maravilloso en cada despertar.

Antonieta Salinas

Los zapatos de mamá

Entre algodones y jeringas surgían las esperanzas,
era una lucha constante entre vivir o morir,
en los quirófanos se cautivaban noches sin final
donde florecía la suavidad del alma.

Recorridos nocturnos donde se congelaba el tiempo,
se vivían historias entre antibióticos e intravenosas
regalando susurros de amor, alegría y palabras
de consuelo, su corazón vivió realidades dolorosas.

Los quirófanos guardaron la esencia de su cofia,
sus trajes blancos ayudaban la elevación de los
[espíritus,
las losas acariciaban a los incansables
[compañeros nocturnos,
con orgullo puedo decir "eran los zapatos
[blancos de mamá".

Antonieta Salinas

Mujer incansable

No es perfecta, le tocó ser fuerte y forjar
[su carácter,
con la luz del sol salió a partirse la vida,
en sus ojos ocultaban la agonía del sueño,
pero su alma llevaba la esperanza del suspiro.

Mujer incansable, madre, esposa y compañera,
artesana de la vida, con un beso curaba raspones
[y heridas,
destructora de monstruos en la profundidad
[de la primavera,
propuesta cariñosa de un amor concebido.

Hizo un pacto con el aleteo de las aves,
susurró estrellas de fortaleza y valentía,
con abrazos de consuelo arrulló a sus hijos,
les regaló palabras luminosas llenas de armonía.

Catalina Isabel Salinas

Demasiado

No te extraño demasiado,
es justo aclararlo.
No te extraño demasiado
porque, a decir verdad, no te amé demasiado.

Esa es la realidad.

Te amé lo justo,
te amé lo que merecías,
te amé enormemente,
pero nunca demasiado.

Esa es la verdad.

Porque decir que te amé demasiado
sería afirmar que te amé más
de lo que, en realidad, mereciste.

Y tú te ganaste ser amada inmensamente.
Por eso lloro tu partida como un demente.

Porque inmenso ha sido, es y será
mi amor por ti, pero nunca demasiado.

Catalina Isabel Salinas

La alfombra

Me siento en esta alfombra aún húmeda
con tu calor, con el alma inundada
y mis lágrimas secas, marcadas.
Te lloro en silencio con mi llanto acusador.
Vaya que la vida no me tiene
la más remota compasión.

Me siento en esta alfombra vacía
en la que yace mi dolor,
deshago una rosa blanca que me traje
de tu entierro en el panteón.
Te busco en sus entrañas y no estás,
sólo encuentro mi aflicción.

Me siento en esta alfombra triste
que tanto te gustó.
Mis ojos te buscan tras la puerta,
entre las patas de la silla
y hasta debajo del sillón.

Me siento en esta alfombra abandonada,
te busco en todas partes y no te encuentro.
No logro caer en cuenta que buscarte
es un error, te rebusco en la cocina
y hasta dentro del cajón.

Tu cuerpo se ha ido, ese ha partido.
Pero tú, amor mío, vives dentro de mi corazón.

Catalina Isabel Salinas

Me siento en esta alfombra sola
y acaricio tu ausencia.
No le pido a Dios que te reviva.
Imploro no abandones nunca mi memoria,
por favor.

Catalina Isabel Salinas

¿A dónde van?

Mamá, ¿por qué decimos que van al cielo
cuando nosotros mismos lo metemos en la tierra
en la más absoluta profundidad?
Los sembramos en el suelo, madre.

Dime, ¿a dónde van?

Sembramos sus cuerpos para que nazca
su recuerdo y no olvidarlos jamás.
En tu corazón, ahí están.

Pero dime, mamá, ¿a dónde van?

Eso no importa, hija.
Eso no importa ya.
La realidad es que se han marchado,
la realidad es que ya no están.

Eduardo Arturo Valdez Richaud

Conexión al cosmos

Desde tus entrañas, madre,
aprendí el ritmo de la palabra
cuando el silencio y los latidos
de tu corazón marcaron
el compás de mi vida
y el comienzo de mi sendero,
cuando solías poner voz
a la nostalgia y melodías
a la dicha cotidiana.

Con la fuerza que inyectaste
por mis venas
pronuncié mi primera palabra
que fue mi llanto primigenio;
de tu verbo acompasado
fue mi primer poema.

Tus cuitas y tus risas
son los nutrientes de tu canto
que aviva la energía
que mueve tu alma soñadora
y el de tu descendencia.

Breve conexión al cosmos eres,
con los ojos de tu espíritu
aprendí a mirar la luna
y navegar sin una barca,
a guiar mis sueños

Eduardo Arturo Valdez Richaud

por la mar con las estrellas.

Sigue, madre, arando la vida,
sigue con tu fe inquebrantable
enseñando a vivir,
que tus oraciones sean
como la sangre que en tus entrañas
me compartiste por primera vez.

Eduardo Arturo Valdez Richaud

Sabiduría de mi madre

De tu sabiduría de tejer imágenes
he aprendido a hacer poemas
que recrean mundos paralelos.

He aprendido a sentir el ritmo
de la materia y la palabra,
la paz que provoca la armonía.

He aprendido a leer la mirada
del menesteroso y los huecos de su vida;
y cuando un espíritu refulge.

Por ti conozco los atardeceres,
el resplandor de la luna
y lo profundo del cielo estrellado.

Conozco la fragancia de las flores,
el olor a vida de la tierra mojada
y al incienso para recoger el alma.

Tu sabiduría es más profunda
que un lógico pensamiento
porque viene de los secretos de Natura.

De tus poemas aprendí que los versos
son simientes que darán fruto en el corazón
y es de eso que se alimenta la vida.

Eduardo Arturo Valdez Richaud

El reencuentro

A Doña Rosario Ibarra

I

Habrás querido arrancarle la Muerte
con el beso de amor más amargo
que haya existido jamás.

Quizá deseabas que tu beso,
síntesis de rabia y de impotencia,
de dolor y de ternura,
lo despertara como todas las mañanas.
Y ahora que lo tienes en tus brazos
la fuerza del reencuentro
en tu corazón implota
y te impide ver la diferencia.

Es la certidumbre de una madre
que besa la calavera de su hijo
largo tiempo perdido bajo la tierra.

(Porque el que ha sido
es y para siempre será).

Rompe el silencio el eco
de tus gemidos y resuena
en la oquedad de su cabeza en ruinas,
igual que el susurro del mar

Eduardo Arturo Valdez Richaud

desde los tiempos primigenios
ha quedado atrapado
en las caracolas de la Tierra.

Eduardo Arturo Valdez Richaud

II

¡Madre de todos!
Más allá de tu pueblo y mis asuntos,
seré tu prójimo
y siento más tus penas que las mías.

¡Tú, madre de las paradojas,
dolor que enciende
la alegría atroz
del esperado encuentro!

Él, hijo hoy de la noche larga,
arrojado a la infinita soledad,
sin amanecer y sin futuro,
oculto te ha quedado
por los siglos,
yo sé que esperabas
que tu magia te devolviera
tan siquiera una palabra
que quedara cautiva
en el hueco de su calavera
o la sonrisa que te robaron
y las caricias congeladas
en la quietud de sus huesos.

¿Y por qué no,
si tú fuiste el puente de su vida
y de tu boca aprendió su verbo;
si de tus labios su primera sonrisa,
de tu mano sus caricias

Eduardo Arturo Valdez Richaud

y de tu andar los primeros pasos
orbitando tu centro?

No te enteraste de su partida,
ni autorizaste que jugara
a las escondidas bajo la tierra
ni a la guerra,
que es el juego de *nuncacabar*
de los fabricantes de armas y de muertes,
porque ellos son los que proclaman:
"pólvora eres y pólvora serás";
ellos, que en cementerios clandestinos
o con honores de bandera,
cual juguetes desechables arrojarán.

Eduardo Arturo Valdez Richaud

III

¡He ahí, madre, a tu hijo!
Tan disperso y tan uno
entre las revueltas osamentas.

¿A quién le extraña pues,
ese beso de madre de la esperanza
que tanto tiempo guardaste
si con un beso le infundiste la vida
y un par de alas a sus sueños infantiles,
si en tus entrañas fabricaste sus huesos
y con tu sangre llenó sus venas?

Índice

Prólogo	09
Maria Gloria Carreón Zapata	13
Mauricio E. Carrillo de la Garza	19
Marisol Flores	26
Jhon Garcia	35
Nely González	39
Wendy Lara	43
Rosalva López López	45
Judith Luna	51
Sanjuana Martínez	52
Juan Gerardo Medina	55
Fermín Meléndez	62
Blanka Reyes	64
José Ángel Reyes	69
Aracely Robles Granados	75
Gloria Rodríguez	78
Ramiro Rodríguez	84
Rosalva Ruiz	92
Lucy Salazar	96
Antonieta Salinas	98
Catalina Isabel Salinas	102
Eduardo Arturo Valdés Richaud	106

Made in the USA
Middletown, DE
16 May 2023